UNE
SOLUTION
DU
PROBLÈME SOCIAL.

Par Ernest WATBLED.

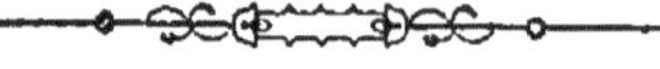

PRIX : 60 cent.

EN VENTE :

CHEZ TOUS LES LIBRAIRES DU DÉPARTEMENT DU LOIRET.

—

1851.

UNE SOLUTION

DU

PROBLÈME SOCIAL.

I.

Avant 1848, le socialisme n'avait aucun caractère politique. Exclusivement philosophique, manquant de traditions historiques, il ne formait pas un parti proprement dit. *M. Considérant* allait bien de ville en ville, faisant des cours de *phanérogamie* et d'*harmonie passionnelle*. *M. Enfantin* et l'école Saint-Simonienne avaient bien prêché une société construite *à priori*, dans leur cerveau, mais jamais un d'eux n'avait songé à établir un trait d'union entre le socialisme et les traditions du terrorisme de 93 et cru pouvoir appuyer leurs tristes philosophies sur ces doctrines révolutionnaires.

Au contraire, loin de proclamer l'*insurrection le plus saint des devoirs*, ils condamnaient tout moyen violent, comme moyen usé et directement opposé à la réforme progressive dont ils préparaient les voies. Peut-être se rappelle-t-on avoir lu, en juillet 1830, sur tous les murs de la capitale, au milieu des placards qui conviaient les citoyens aux armes, une proclamation signée *Bazard-Enfantin*. Dans cet écrit, les chefs de la religion nouvelle appelaient, au nom de *St-Simon* toutes les classes de la société, à travailler pacifiquement à l'organisation du nouvel ordre social, où chacun serait classé suivant ses capacités et ses œuvres.

Le lendemain du 24 février, la direction pacifique des idées changea avec la face des choses. Un champ libre était ouvert aux innombrables systèmes de réorganisation sociale, leurs adeptes se mirent immédiatement à l'œuvre ; ils rattachèrent leurs théories aux traditions de *St-Just, Robespierre* et *Babœuf*, posant en principe que la propriété individuelle est ici-bas l'origine de tous les maux et que la propriété collective est seule bonne et féconde ; et des doctrines jusqu'alors réfugiées dans les sociétés secrètes et les cadres de l'insurrection, se produisirent ouvertement au grand jour.

Louis Blanc, le grand-prêtre du gouvernement provisoire, le Christ sauveur des temps modernes, Christ sans calvaire bien entendu, transformant en machines de guerre les nuageuses théories de *St-Simon* et de *Fourier*, les plaça sous la protection du drapeau rouge, et lui-même se posa comme le grand pontife de ces tribuns réformateurs, à la parole fiévreuse, au talent faux et déclamatoire, au style de rhéteur, qui prétendaient tous posséder la solution du grand problème social, l'extinction du paupérisme.

Les communistes, et je désigne sous ce nom les mille et une sectes qui divisent l'école socialiste, de quelque nom particulier dont elles s'affublent, car, au fond de tous ces systèmes, on trouve toujours le communisme, lorsqu'il n'y conduisent pas directement, les communistes, dis-je, ont tous, à fort peu de chose près, le même raisonnement.

Ils possèdent infailliblement le secret qui peut guérir les maux de l'humanité. Si on fait quelques objections contre leurs théories , ils s'irritent tout d'abord , et ne peuvent souffrir la moindre contradiction. Vainement leur dit-on que la société est seule juge de ses besoins et qu'elle doit être au moins libre de choisir entre son organisation actuelle, ou l'une des nouvelles qu'on lui propose. Vainement les engage-t-on à se borner à la démonstration de leurs théories pour amener peu à peu la conviction dans le pays. Ils n'écoutent rien. Ils veulent sauver l'humanité en dépit d'elle-même.

C'est en vain que ce pauvre ordre social, traqué de tous côtés par leurs sophismes multipliés, s'épuise à dire qu'il est fondé sur la liberté, que cette liberté est la grande loi de l'humanité et que sans elle il n'y a pas de progrès possible, ils crient *raca* à la liberté et au progrès, et continuent à nous vanter les charmes de leur idéal social, où tout le progrès humain se borne à faire abstraction de sa volonté, en échange d'un morceau de pain.

Un autre trait caractéristique des socialistes, c'est leur peu d'accord, lorsqu'il s'agit d'appliquer leurs doctrines. On peut être certain, lorsqu'il y a dix de ces messieurs assemblés, que parmi eux on rencontre quinze systèmes différens, plusieurs en ayant toujours deux ou trois qui leur tournent la tête.

II.

On peut répartir en deux écoles principales les sectes nombreuses qui se disputent sur le terrain du socialisme.

La première, l'*École du monopole*, voudrait que l'Etat fût propriétaire , non-seulement de la terre, mais aussi de l'industrie , et qu'il fît lui-même la distribution du travail et de ses produits, à chacun selon ses aptitudes et ses besoins. C'est le communisme pur professé par les disciples de *Fourier*.

La seconde, l'*Ecole de l'association* , paraît être plus considérable, c'est du moins celle qui paraît être le plus en faveur. Elle veut supprimer les salaires et faire que les ouvriers, étant associés du fabricant, du capitaliste, aient une part dans les bénéfices. C'est la théorie préconisée par *Louis Blanc* dans son livre *sur l'Organisation du Travail*.

Si l'École de l'*État monopoleur universel* venait à triompher , on verrait peu à peu disparaître la civilisation. L'humanité s'arrêterait tout-à-coup, dans son grand travail du progrès intellectuel, pour ne s'occuper à produire que les choses les plus indispensables à la vie. Un silence soudain se ferait sur la terre. Les hommes, ne luttant plus d'intelligence, le prix de la lutte ayant disparu, tomberaient dans l'atonie. Quelque chose, ressemblant à une vaste communauté , ne tarderait pas à s'organiser , et l'homme, privé de la liberté individuelle, ne vivrait plus que de la vie animale.

L'*Ecole de l'association* montre bien les vices des théories de ses adversaires, mais elle ne s'aperçoit pas qu'elle tombe dans un danger plus grand encore.

Si les communistes, par la vie uniforme, détruisent la civilisation en supprimant le progrès, les défenseurs de l'association font de prime-abord germer l'esclavage.

En premier lieu , ils commencent, comme les communistes, par détruire la liberté individuelle en attachant le travailleur à la fabrique, en supprimant, dans certains cas, le salaire, ce signe de l'indépendance de l'ouvrier.

Vainement m'objecterait-on que le travailleur a une part dans les bénéfices, je répondrais : il n'a plus son indépendance.

En effet, qu'on prenne garde de s'y tromper, l'esclavage ne consiste pas seulement dans le droit que le maître s'arroge de *vendre* son esclave, il est partout où l'homme est enchaîné au travail, sans être libre de ne pas faire ce travail, sans être libre de porter ailleurs son intelligence et ses bras. Or, l'associé est privé de cette liberté.

En résumé, ces deux écoles veulent fonder une société sans famille, sans liberté, sans droit individuel. Tout leur idéal repose sur un sensualisme étroit. Les besoins du corps y occupent une telle place que l'âme en est presque exclue. L'homme est enchaîné à la terre ; c'est en vue de la terre qu'il doit régler ses relations. Rien en-deçà, rien au-delà. Il ne faut donc pas s'étonner que, suivant cette logique, on ait fait bon marché de la liberté, de la volonté de l'homme.

Toutefois, avant de pousser plus loin l'examen de ces deux écoles, disons-le, et, disons-le bien haut, la meilleure organisation du travail, c'est qu'à la tête de la nation soient placés des hommes qui sympathisent sincèrement aux maux de leurs semblables, voilà ce que ne doivent pas perdre de vue ceux qui souffrent et qui attendent un soulagement à leurs souffrances.

De plus, ce n'est que par une longue suite d'années, par une séria d'actes modifiés selon les nécessités de l'expérience que, en fait de socialisme, on peut espérer créer quelque chose de salutaire, de durable. Croire qu'un système de société peut se produire parfait d'un seul jet, c'est une erreur grossière et trop commune aujourd'hui.

C'est le propre de l'humanité de lutter, de chercher toujours la solution de son grand problème. Ce n'est qu'à cette condition qu'elle grandit, qu'elle s'élève. C'est là le progrès, et c'est vouloir en détruire le germe, lorsqu'au moyen d'une nouvelle organisation sociale, où toute préoccupation de l'avenir disparaît, on s'efforce de supprimer cette grande lutte de l'esprit humain.

III.

Une erreur commune aux deux écoles que **nous** combattons, c'est qu'elles s'obstinent à ne vouloir envisager qu'un seul côté du problème social. Ces écoles posent cette question : *Trouver une organisation telle, de la société, que la misère n'existe plus.* — Le problème, atténué de cette manière est à peu près résolu par les deux écoles, mais elles oublient l'une et l'autre complètement le second côté de la question : *Conserver la liberté en supprimant la misère.* — Non-seulement la liberté politique, la liberté de la pensée, mais encore et surtout la liberté de l'individu, cette liberté si chère, si utile à l'homme, dont il est en possession dès que la vie matérielle s'accomplit sans contrôle extérieur.

La liberté véritable réside dans le droit d'exercer ses facultés, et la liberté seule vivifie l'industrie. C'est elle qui ouvre la porte à la confiance, dont le capital a absolument besoin pour se montrer, agir et circuler. L'ordre même, que l'industrie aime tant, l'ordre, selon la juste expression d'un philosophe, n'est que la liberté collective de la société.

C'est parce qu'elles suppriment la liberté individuelle, que les deux écoles rivales en socialisme n'ont fait, jusqu'à présent, que des progrès fort restreints ou éphémères ; et cela, malgré l'état de gêne et de misère générale qui, depuis longtemps, rongeait la Société entière, et disposait tous les esprits à se laisser convaincre par les séductions du matérialisme de certains socialistes ; malgré aussi la Révolution de février, qui, tout en augmentant cette gêne et cette misère, donna le pouvoir à quelques-uns des chefs de ces deux écoles.

C'est que la liberté individuelle est une des nécessités de la vie, une conquête des temps modernes, que l'humanité n'est en aucune façon, disposée à se laisser ravir ; car alors, elle sait qu'elle n'aurait plus raison d'être.

Il faut donc envisager la question sociale d'un point de vue plus élevé que ne l'ont fait jusqu'à ce jour tous les socialistes modernes. En la résolvant, il faut satisfaire aux deux termes du problème, *celui qui intéresse l'esprit , comme celui qui intéresse le corps.* — C'est ce que nous allons essayer de démontrer.

IV.

La société actuelle, telle qu'elle est organisée , satisfait assez bien à l'un de ces deux termes. La liberté individuelle y existe, c'est sur cette liberté que notre société est fondée. Le pouvoir, qui essaie d'y porter atteinte , est immédiatement frappé de de mort ; sa chute définitive n'est plus qu'une question de temps.

Or, puisque la liberté individuelle , si nécessaire à l'homme, est la base de la société actuelle, gardons-nous de détruire cette société. Bornons-nous à la perfectionner , en faisant disparaître les causes du mal qui la mine. Le problème dès-lors sera complètement résolu.

Ces causes du mal qui sape la société par sa base , résidant dans l'*abus* de la liberté individuelle , il faut donc détruire cet abus, tout en laissant intacte cette liberté d'où il tire son origine.

La concurrence industrielle et ouvrière est un des effets de la liberté. Cette double concurrence se produisant sans frein, est l'*abus* de la liberté.

C'est la cause première de la misère.

En effet , le fabricant, pour soutenir la lutte sans désavantage, est forcé de réduire les salaires dans des proportions démesurées. Cependant, il trouve toujours des bras qui acceptent son travail , à n'importe quelles conditions pécuniaires , parce que les ouvriers, plus nombreux que ne le comporte l'état de la fabrication, même dans les temps de prospérité , se font entre eux une redoutable concurrence.

Ce que je dis là ne doit pas prouver qu'il faille supprimer la concurrence, comme une chose pernicieuse. C'est tout le contraire, il faut seulement l'organiser.

Cette organisation est des plus faciles , puisque, pour la réaliser, il suffit de faire en sorte qu'il n'y ait jamais surabondance de bras sur le marché du travail. Je m'explique.

Ce mal dont souffrent les classes ouvrières prend sa source dans le désordre de la concurrence qui oblige le fabricant à baisser les salaires. Puis, le grand nombre de bras inoccupés vient forcer l'ouvrier à accepter la diminution qu'on lui propose, car il sait, s'il refuse, qu'un affamé est derrière lui, prêt à prendre sa place, seulement pour un morceau de pain !....

Que faut-il donc faire pour rectifier un pareil état de choses tout en laissant subsister la liberté de l'industrie, du travail, la liberté individuelle , en un mot, en ne détruisant pas la société?

Il faut une organisation conçue de telle manière que les ouvriers sans ouvrage aient un lieu de refuge où , en travaillant, ils vivraient avec leurs familles , jusqu'à ce que l'augmentation des travaux les rappelât dans leurs ateliers respectifs.

Il est bien entendu que le travail offert aux ouvriers en disponibilité ne peut être celui qu'ils font ordinairement, car alors la question ne serait pas résolue, elle serait seulement déplacée. Ce qu'on donnerait aux uns, on l'ôterait aux autres. On tomberait ainsi dans l'absurdité anglaise des *maisons de travail*. C'est surtout ce qu'il faut éviter.

V.

Le travail agricole, seulement, satisfait à toutes les conditions exigées pour la solution du problème social, ce travail ne faisant concurrence à aucune industrie des villes, ce qui est le point essentiel.

Il est facile, tout homme en est capable, après un court apprentissage. C'est encore là une condition indispensable.

L'homme, qui vit et qui travaille aux champs, améliore promptement sa santé, acquiert de nouvelles forces, si les siennes sont épuisées ; et le contentement joint à la tranquillité qu'il éprouve, réagit puissamment sur son moral, et le relève si l'adversité l'a abattu.

Ce travail est loin d'être avilissant, chose encore nécessaire. Car il faut que l'homme du peuple ait la dignité que doit toujours conserver la première créature de Dieu.

Enfin, toutes les capacités y trouvent de l'emploi, tous les travaux de l'agriculture étant très-variés.

La nature du travail trouvée, il ne s'agit plus alors que de savoir en quel lieu on en établirait le siége', où l'on pourrait trouver des terres assez vastes pour recevoir avec leurs familles tous les ouvriers qui chôment, et ceux qui n'ont pas un salaire suffisant. Comment on fondrait des établissemens agricoles, assez voisins des centres de populations industrielles, pour que chaque fois qu'un grand nombre d'*ouvriers seraient sans travail*, ils puissent y trouver promptement un abri, et pour que toutes les fois que les fabriques reprendraient plus d'activité, les travailleurs dont elles auraient besoin aient la facilité de s'y rendre sans retard. Enfin, il faudrait une organisation libérale, réglant tous ces travaux, tous ces mouvemens.

VI.

Ce serait une admirable chose, si l'on parvenait à réaliser ce que je viens d'exposer. On jouirait d'un beau spectacle. Chaque homme se trouverait libre et à l'abri du besoin. Dans les plus mauvais jours, il pourrait attendre, sans privation, le moment où le travail dont il est capable lui serait payé suffisamment, pour qu'il puisse vivre avec sa famille, et s'assurer encore des ressources qui lui ménageraient une douce et tranquille vieillesse.

Celui qui résoudrait ce problème aurait bien mérité de la patrie !

Or, c'est précisément ce qu'on réaliserait si l'on mettait en application le projet que *Louis-Napoléon Bonaparte* a exposé dans son traité de *l'Extinction du Paupérisme.*

« Les colonies agricoles, dit-il, auraient deux buts à remplir.
« Le premier de nourrir un grand nombre de classes pauvres,
« en leur faisant cultiver la terre, soigner les bestiaux, etc.; le
« second d'offrir un refuge momentané à cette masse flottante
« d'ouvriers auxquels la prospérité de l'industrie donne une
« activité fébrile, et que la stagnation des affaires ou l'établis-
« sement de nouvelles machines plonge dans la misère la plus
« profonde.

« Tous les pauvres, tous les individus sans ouvrage trouve-
« raient dans ces lieux à utiliser leur force et leur intelligence,
« au profit de la communauté.

« Lorsque l'industrie privée aurait besoin de bras, elle vien-
« drait les demander à ces dépôts centraux qui, par le fait,
« maintiendraient toujours les salaires à un taux rémunéra-
« teur : car il est clair que l'ouvrier, certain de trouver dans les
« colonies agricoles une existence assurée, n'acceptera de tra-

« vail dans l'industrie privée qu'autant que celle-ci lui offrira
« des bénéfices au-delà de ce strict nécessaire qu'il trouvera
« toujours dans les colonies agricoles. »

Par la création des colonies agricoles proposées par Louis-
Napoléon Bonaparte, l'homme aurait donc la vie matérielle assurée.

Le travailleur, libre désormais, ne se trouverait plus dans
cette dure alternative: — Travailler pour un morceau de pain,
ou mourir de faim.....!

Il pourrait poser ses conditions. Si on les lui refusait, il saurait où, avec sa famille, il vivrait en attendant que sa fabrique,
reprenant plus d'activité, un salaire suffisant lui serait offert.

Et qu'on ne dise pas qu'avec une telle organisation, on aurait
à redouter l'exagération des salaires ! Non. Qu'on ne dise pas
cela ! Il me serait facile de prouver que l'ouvrier, n'ayant dans
les colonies agricoles que le nécessaire bien juste, dès que les
salaires de l'industrie lui permettraient d'ajouter un peu de *su-
perflu* à ce *nécessaire* donné par la colonie, il se hâterait de
quitter l'agriculture pour retourner dans l'industrie.

Les salaires étant relevés, les dépenses et les économies seraient plus considérables. Ce double fait donnerait lieu immédiatement à un double résultat.

Les dépenses de chaque ouvrier augmentant, le commerce et
l'industrie prendraient plus d'extension, les économies s'accroî-
traient aussi. Un plus grand nombre de fabricans pourraient
devenir fabricans à leur tour, chose rare et importante à obte-
nir, si l'on veut que, sans cesse, soient comblés dans les classes
moyennes, les vides qu'y laissent d'un côté ceux qui se ruinent,
et ce sont les plus nombreux, et d'un autre côté ceux qui s'y en-
richissent.

VII.

Le travail agricole semble donc satisfaire à toutes les conditions necessaires pour résoudre le problème social, l'extinction du paupérisme; car tout le mal qui existe aujourd'hui ne pro vient, on ne saurait trop le dire, que d'une seule cause : l'excès des bras disponibles dans certains métiers.

Ce n'est pas en réglant les salaires qu'on apportera un remède à la détresse des travailleurs. Un salaire *minimum* ne donnera pas de l'ouvrage à 50 ouvriers, s'il y en a pour 40 seulement. Que feront les dix autres? Comment feront-ils pour vivre, en attendant qu'on puisse les employer?

En réglant les salaires, on ne ferait donc que de l'arbitraire' sans rien réformer !

On se rappellera long-temps ces ateliers nationaux du 24 février où 120,000 ouvriers intelligens, probes, actifs pour la plupart, furent transformés en machines stupides occupées à remuer inutilement quelques tombereaux de terre, et parmi lesquels se recrutèrent plus tard les soldats de l'émeute des néfastes journées dejuin.

En créant des ateliers nationaux, on ne ferait que déplacer la question et désorganiser le travail !

Pour sortir de ce dédale, de ce cercle vicieux, pourquoi ne pas adopter les idées de Louis-Napoléon Bonaparte? Pourquoi ne pas transformer au profit des travailleurs, en colonies agricoles, les neuf millions d'hectares de terres qui, dans toute la France, ne sont pas encore mis en culture?

La misère disparaîtrait, l'industrie prendrait un essor inouï, le problème social serait résolu, la société se verrait délivrée des inquiétudes que lui font concevoir sur sa propre existence **tous les faiseurs** de systèmes sociaux.

On pourrait enfin répéter, avec *Louis-Napoléon Bonaparte*, ces mots que le chef du gouvernement actuel écrivait jadis dans sa prison de *Ham* : « Le triomphe du christianisme a détruit l'es-
« clavage ; le triomphe de la Révolution française a détruit le
« servage ; le triomphe des idées libérales et constitutionnel-
« les a détruit le paupérisme. »

FIN.

Imp. de Pagnerre.

www.ingramcontent.com/pod-product-compliance
Lightning Source LLC
Chambersburg PA
CBHW061227050726
47594CB00009B/3840